경허 선사
깨달음의 노래

鏡虛 禪師 悟道歌

송강 편역

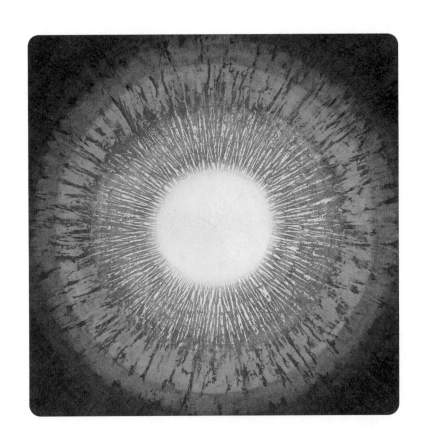

도서출판 도반

송강 스님

- 한산 화엄(寒山華嚴)선사를 은사로 득도
- 화엄, 향곡, 성철, 경봉, 해산, 탄허, 석암 큰스님들로부터
  선(禪), 교(敎), 율(律)을 지도 받으며 수행
- 중앙승가대학교에서 5년에 걸쳐 팔만대장경을 일람(一覽)
- BBS 불교라디오방송 '자비의 전화' 진행
- BTN 불교TV방송 '송강 스님의 기초교리 강좌' 진행
- 불교신문 '송강 스님의 백문백답' 연재
- 불교신문 '송강 스님의 마음으로 보기' 연재
- 『금강반야바라밀경 시리즈』, 『송강 스님의 백문백답』,
  『송강 스님의 인도 성지 순례』 출간
- 서울 강서구 개화산(開花山) 개화사(開華寺)를 창건
- 현재 개화사 주지로 있으며, 인연 닿는 이들이 본래면목을 깨달을 수 있도록
  기초교리로부터 선어록에 이르기까지 다양한 강좌를 진행하고 있으며,
  차, 향, 음악, 정좌, 정념 등을 활용한 법회들을 통해 마음 치유와 수행을 지도하고
  있음

* 인터넷에서 개화사를 검색하시면 송강 스님의 카페를 만나실 수 있습니다.

경허 큰스님 진영(眞影) 앞에 서서

철부지 불자시절의 제게 큰스님은 태산 같은 뒷모습만 보여주셨습니다.

십오 년쯤의 세월이 흐른 뒤에 큰스님의 '오도가(悟道歌)'를 접하고는 얼마나 기쁜지 밤새우며 한문으로 된 '오도가'를 눈물로 새겼습니다. 그때 비로소 큰스님의 참모습을 뵐 수 있었습니다. 그리고 다시 30년 가까운 세월이 흘렀습니다.

그동안 큰스님의 소식은 여러 곳에서 들을 수 있었습니다. 그러나 기행(奇行)으로 여겨지는 찰나의 모습들만 말 희롱처럼 언급되는 것이 대부분이었습니다. 그러면서 마치 그런 겉모습들이 큰스님의 진면목인 것처럼 언급되는 것을 봐 왔습니다.

어느 땐가 선불교의 중흥을 주제로 한 토론에서 큰스님의 오도가 구절이 인용된 것을 신문지면을 통해 봤습니다.

「경허선사께서도 ‘사방을 둘러보니 사람이 없구나. 의발을 누구에게 전할꼬?’ 라고 하시며, 법을 전할 제자가 없음을 한탄하셨다.」

그리고 많은 이들이 그렇게 큰스님께서 한탄하신 것으로 생각한다는 것도 알게 되었습니다. 큰스님의 ‘오도가’ 는 사람들에 의해 ‘한탄가’ 로 변질되고 있음을 알고는 할 말을 잊고 말았습니다.

큰스님의 진영(眞影)이 큰스님의 본래면목은 아니로되 그를 통해 큰스님께 다가가는 방편이 되듯이, 저도 이제 글로 된 다른 ‘그림자(진영)’ 하나 만들어 큰스님을 친견케 하는 방편으로 삼으려 합니다.

불기 2557(2013)년 여름 안거 중에
개화산방에서 송강 올림

차 례

경허선사 진영 – 이전에는 붉은 가사를 수하셨다

경허 선사의 생애

   경허선사에 대한 기록은 자료에 따라 약간씩의 차이가 있다. 여기서는 만공(滿空)스님과 한용운(韓龍雲)스님이 편찬한『경허집(鏡虛集)』을 중심으로 하여 정리한다.

   경허선사는 조선 헌종 15년(1849)에 전라북도 전주에서 태어나셨다. 태어나 3일이 되도록 울지 않다가 목욕을 시키자 비로소 울었다. 태어난 지 얼마 되지 않아 아버지가 과도한 세금 때문에 울화병으로 명을 마치고, 어머니를 따라 서울로 올라와 살았다. 9세가 되던 해에 어머니 손에 이끌려 과천의 청계사(淸溪寺) 계허(桂虛)스님의 제자로 출가하였다. 이때 받은 법명이 동욱(東旭─속명이라고도 함)이었다. 어릴 때부터 교육을 받지 못한 동욱은 스승의 시중을 들며 세월을 보내다가 12세에 청계사에 머문 박

처사(處士-계를 받지 않은 일반 남자를 뜻함)로부터 한문을 배웠으며, 이때 비로소『계초심학인문(誡初心學人文)』을 익혔다.

14세가 되던 해 출가스승인 계허스님이 환속을 하면서 동욱을 동학사로 보냈다. 동학사에는 조선 3대 강백(講伯-강사스님을 존칭하는 표현)인 만화(萬化)스님이 계셨다. 동욱은 만화강백으로부터 불교경전을 비롯하여 유학(儒學)이나 노장(老莊)의 전적(典籍)까지 배웠으며, 23세(25세라는 곳도 있음) 때는 동학사 강사로 추대되어 이름을 떨치게 되었다. 성우(惺牛)라는 법명도 동학사에서 비구계를 받으면서 함께 받은 것이 아닌가 짐작된다. 경허(鏡虛)라는 법호는 스스로 지은 것이다.

31세가 되던 해 여름에 옛 스승을 찾아뵈려고 길을 떠난 스님이 천안 인근에 이르렀을 때 큰 비를 만나게 되었다. 비를 피하려 마을에 찾아갔는데, 그곳에는 악성 돌림병(콜레라)이 유행하여 수많은 사람들이 죽어가고 있었다. 스님은 밤을 새며 두려움에 떨다가 자신이 알고 있는 불교나 여타의 지식이 아무 도움이 되지 않음을 깨달았다. 교학이라는 것이 배우는 대상이었고 가르칠 대상이었을 뿐이었지 정작 자신의 문제는 아니었기 때문이었다. 그길로 동학사로 돌아온 스님은 학인들을 해산시키고 강원을 철폐했다.

　스님은 그때부터 사람을 일절 만나지 않고 돌아오는 길에 떠오른 '나귀의 일이 가지 않았는데 말의

경허 선사의 생애

일이 닥쳐왔다'는 뜻의 '여사미거 마사도래(驢事未去 馬事到來)' 화두를 참구하기 시작했다. 이 화두는 어떤 스님이 "불법의 대의가 무엇입니까?(如何是佛法大意)" 하고 영운(靈雲)선사께 여쭈었더니, 선사께서 그에 대해 답하신 것이다.

잠이 오면 송곳으로 무릎을 찔러가며 용맹정진을 계속 하셨는데, 삼 개월쯤 되었을 어느 날 방 밖에서 사미들이 떠드는 소리가 날아들었다. "소가 되어도 콧구멍 뚫을 데가 없으면 된다는 말이 무슨 뜻이야?" 이 말을 듣는 순간 스님의 의심이 단번에 허물어져 버렸다. 이때가 1879년 11월 보름께였다.

그날 이후 스님은 하는 일 없이 방에 누워 사람이 들어오거나 나가거나 상관하지 않았다. 그 모습을

경허 선사의 생애

본 만화스님이 "왜 그렇게 누워 지내기만 하는가?" 하고 물었더니, "할 일 없는 사람은 본래 이렇습니다."하며 여전히 누워 있었다.

스님은 다시 어머니와 형 태허스님이 계신 천장암(天藏庵)으로 옮겨 깨달음 뒤의 공부를 계속하였다. 흔히 이것을 보임(保任)이라고 하며 또 보림이라고도 한다. 보임은 보호임지(保護任持)의 준말로 '찾은 본성을 잘 보호하여 완전히 자기의 것으로 한다'는 뜻이다.

1886년 6년간의 보임(보림)을 끝낸 스님은 후학 지도와 교화 활동을 본격적으로 하시면서 크게 선풍(禪風)을 떨쳤다. 1894년 범어사(梵魚寺)의 조실이 되셨다. 이후 갖가지 불사의 어른이 되시어 전국에 그 자취를 남기셨다. 1904년 천장암에서 만공스님에게 최후의 법문을 한 뒤 박난주(朴蘭州)라고 개명하고 갑산(甲山), 강계(江界) 등지에서 서당의 훈장이 되어 아이들을 가르치다가, 1912년 4월 입적하였다. 나이 64세, 법랍 56세였다.

선사께서는 스스로 청허 휴정(淸虛休靜)선사의 11대손, 환성 지안(喚醒志安)선사의 7대손이라 밝혔다.

경허 선사의 생애

경허 선사와의 인연

　고등학교 시절 불교에 입문한 후 불교서적을 손에 들게 되었을 때부터 뇌리를 떠나지 않는 스님이 계셨다. 바로 근세의 선지식인 경허선사셨다. 가장 먼저 접한 소식은 선사의 오도송 (悟道頌)이었다.

홀 문 인 어 무 비 공
忽聞人語無鼻孔

돈 각 삼 천 시 아 가
頓覺三千是我家

유 월 연 암 산 하 로
六月燕巖山下路

야 인 무 사 태 평 가
野人無事太平歌

문득 누가 콧구멍 없다고 하는 소리 듣고

몰록 삼천세계가 내 집임을 깨달았네.

유월 연암산 아래의 길에서는

일 없는 들사람이 태평가를 부르네.

　무언가 알 듯도 했지만 그러나 어린 불자에
게 이것은 아득한 소식이었다. 그보다는 간간
히 소개되는 선사의 기이한 행에 오히려 더 시
원함을 느꼈다. 기행을 보이신 일화를 접할수
록 복잡하고 답답한 현실로부터 잠시나마 자
유로워지는 듯 착각을 하며 경허 선사에 대한

경허 선사와의 인연

동경이 커져 갔다.

 그러나 한편으로는 육식(肉食)과 술을 마음대로 하며, 때로는 여자를 품고 자는 선사의 행에 대해서는 솔직히 이해할 수 있는 수준은 아니었다. 막 계를 받고는 팔뚝의 연비자국을 보면서 자긍심을 느끼던 풋내기 불자 시절이었으며, 방학 동안에 절에 머물면서부터는 젓갈로 담은 김치도 입에 대지 않던 계의 항목에 절대적 의미를 두던 시절이었기 때문이다. 그렇게 경허 선사는 내게 그저 뒷모습만 보이는 기인이셨던 것이다.

경허 선사의 인연

1982년 중앙승가대학교에서 교학을 섭렵하며 수행하던 시절에 우연히 접한 김지견박사의 글에서 비로소 경허선사의 오도가를 접하게 되었다. 그 첫머리 즉 '사고무인 의발수전 의발수전 사고무인(四顧無人 衣鉢誰傳 衣鉢誰傳 四顧無人)'을 접하는 순간 경허선사께서 바로 눈앞에 서 계시는 것을 보았다.

그 이후로 특별법회의 요청을 받을 때 가끔 선사의 이 오도가를 소개해 왔다. 그리고 오래 전부터 내 머리맡에는 삼락자(三樂子) 석정(石鼎)스님께서 쓰고 그리신 경허선사의 오도가 병풍이 서 있다.

경허 선사와의 인연

경허 선사 깨달음의 노래

鏡虛 禪師 悟道歌

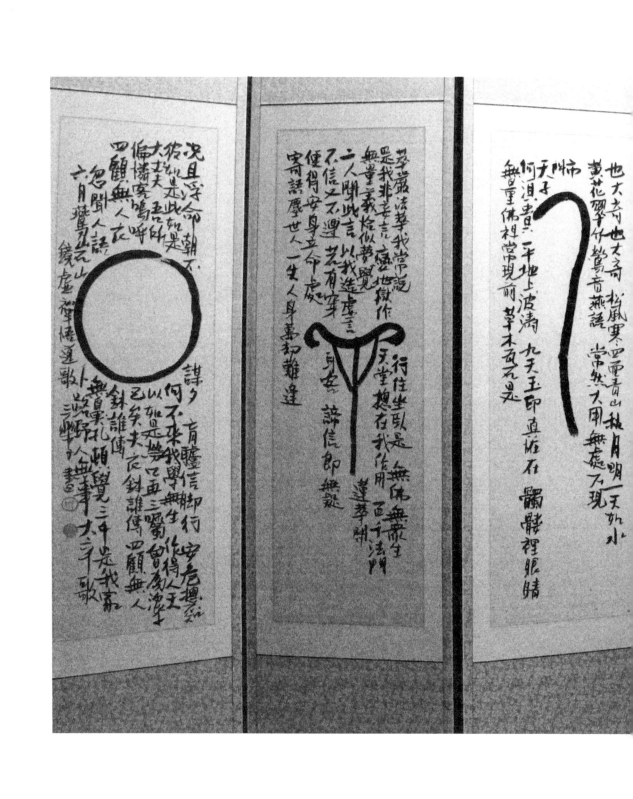

況且浮命朝不
猶知是此如是
大丈夫鳴呼所
偏憐寃鳴衣
四顧無人
怨聞人語
六月攫蔦山云山
鏡虛禪傳蓮歌

謀夕 育聽信却行
安危撞名
何不來我學無生
從得人王
己笑夫 三蜀
曾處湸
斜誰傳
四顧無人
無真宗扎頭覺
三十是我家
卜城哥人金量
三峰小畫

華嚴法界我常說
是我非妄言 盡地微作
無量義恰似夢覺
二人開此言
以我迷虛言
不信之不遭 若有窨
便得安身立命處
寄話麼世人一生人身卻難逢

行住坐臥是 無佛無衆生
天堂想在我作用 百千法門
身安
諦信即無疑
蓮華明

也大奇也大奇 松風寒 四霤青山秋月明一天如水
黃花翠竹鶯音燕語 常然大用無處不現
啼天子 何淇貴 平地上波濤 九天玉印直拄在 髑髏裡眼睛
無量備裡常現前 草木瓦石是

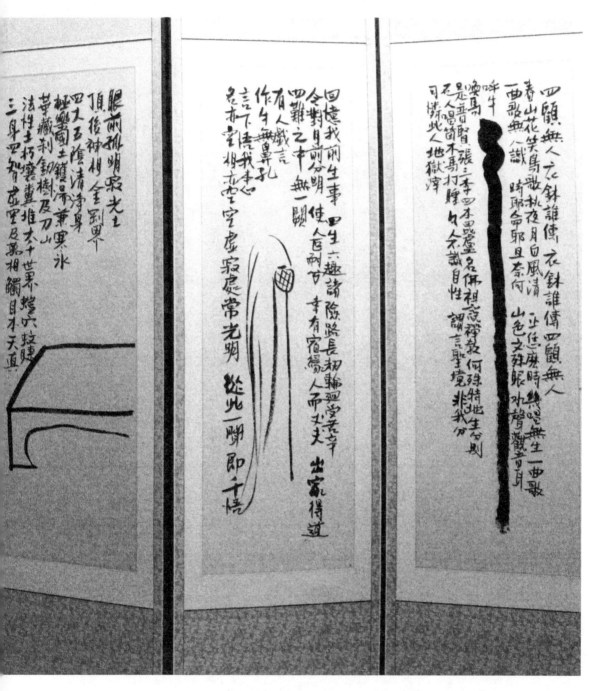

삼락자 석정스님께서 쓰고 그리신 경허선사의 오도가 병풍
- 개화사 주지실

사 고 무 인　　의 발 수 전
四顧無人이라 衣鉢誰傳가

의 발 수 전　　사 고 무 인
衣鉢誰傳가 四顧無人이로다

사방을四 둘러봐도顧 사람이人 없으니無

가사와衣 발우를鉢 누가誰 전하랴傳.

가사와衣 발우를鉢 누구에게誰 전하랴傳

사방을四 둘러봐도顧 사람이人 없구나無.

· **사고(四顧)** : 사방을 돌아보다. 사방을 둘러보다. 온 우주를 살펴보다.

· **무인(無人)** : 글자대로 번역하면 '사람이 없다' 는 뜻이지만 인(人)은 상징적이다.

· **의발(衣鉢)** : 가사와 발우.

· **수전(誰傳)** : '누가 전하랴' '누구에게 전하랴' 의 두 가지 번역이 가능함.

위 네 구절이 경허선사 '도를 깨달은 노래'의
핵심이다. 이 부분을 바로 보지 못하면 '도를 깨
달은 노래'는 그르치고 만다.

'사고무인(四顧無人) 의발수전(衣鉢雖傳)'의
구절은 앞뒤를 바꾸면서 네 번이나 등장하는 구
절이다. '사방을 둘러봐도 사람이 없으니 누가
(누구에게) 가사와 발우를 전한다는 말인가!'라
는 이 소식은 참으로 엄청난 것이다. 양무제가
"무엇이 불교에서 가장 성스러운 진리 가운데서
으뜸입니까?"하고 묻자, 달마대사께서 "확 트여
서 성스러울 것도 없습니다."하고 답한 소식과
같은 것이다. 온 법계를 다 살펴보아도 사람이니

법이니 중생이니 부처니 하는 것이 없는데, 도대체 누가 누구에게 가사와 발우를 징표로 전한다는 말인가? 하고 천하를 일깨우는 말씀이다.

여기서 무인(無人)은 단순히 사람만을 가리키는 것이 아니다. 「금강경(金剛經)」에서 '무아 무인 무중생 무수자(無我無人無衆生無壽者)'라고 한 것과 같으며, 「반야심경(般若心經)」에서 '공중무색 무수상행식(空中無色 無受想行識)~이무소득(以無所得)'과 같은 것이다. 또한 달마대사께서 '확연무성(廓然無聖)'이라고 한 그 무성(無聖)과 같은 것이다.

선종(禪宗)에서 깨달음의 징표처럼 얘기되는

것이 바로 부처님의 가사와 발우이다. 다시 말해 부처님의 가사와 발우가 대대로 전해져서 제33조인 혜능선사까지 전해졌다고 했다. 그러나 석가세존께서 선종초조(禪宗初祖)인 가섭존자에게 '이심전심(以心傳心)'으로 '정법안장(正法眼藏)'을 전한다거나 '법등(法燈)'을 전한다고는 했으나 가사와 발우를 전한다고 부처님께서 말씀하신 초기경전의 기록을 보지 못했다.

서산대사께서는 『선가귀감(禪家龜鑑)』에서 말씀하셨다.

「옛 스님께서 게송으로 말씀하셨다. "옛 부처님 출현하시기 전에 뚜렷하게 하나의 동그라미 모양(일원상 一圓相), 석가도 오히려 몰랐거니 가섭이 어찌 전하랴.”」

깨달음이란 스스로 체득(體得)하기 전에는 부처님이라 해도 다른 사람에게 전해 줄 수가 없는 것이다. 그런 부처님께서 과연 가사와 발우로 그 깨달음의 징표로 삼으셨을까?

경허선사께서는 스님들에게 문자화된 불법을 가르치시면서 자긍심을 가지셨고, 당연히 가사와 발우를 통해 그 깨달음이 전승되었다고 보셨을 것이다. 그러나 어느 순간 자신이 가르치던 불법이 진짜가 아니라는 것도 알았고, 이윽고 전해주고 전해 받는 것도 아님을 깨달으신 것이다. 그래서 이렇게 세상에 사자후를 하셨다.

“깨닫고 보니 불법이라고 할 것이 본래 없다.

하물며 가사와 발우 따위를 전해주고 전해 받는다고 하는 헛소리 집어치워라."

그러나 주의하라. 범부가 아무 것도 없다고 한 것과 선사께서 아무 것도 없다고 한 것은 아득히 멀다.

참고로 경허선사께서는 누구에게서 깨달음의 징표로 가사와 발우를 전해 받은 일이 없음을 알아 둘 것.

법흥사 적멸보궁 – 부처의 자리를 비워 둔 이치를 알면
무인(無人)의 도리를 알리라.

이 자리에 누굴 앉히고 절 올리며 애원할 것 없다.
앉는 사람이 곧 주인공이다.

경허 선사 깨달음의 노래 01

춘 산 화 소 조 가
春山花笑鳥歌하며

추 야 월 백 풍 청
秋夜月白風淸이로다

정 임 마 시
正恁麼時에

기 창 무 생 일 곡 가
幾唱無生一曲歌오

봄春 산에山 꽃花 웃고笑 새鳥 노래하며歌

가을밤秋夜 달月 밝고白 바람風 맑도다淸.

바로正 이러한恁麼 때時

깨달음의無生 한一 곡조曲 노래를歌

얼마나幾 불렀던고唱.

일곡가　　무인식
一曲歌여 無人識이라
시 야　　명 야　　차 나 하
時耶아 命耶아 且奈何오

한一 곡조의曲 노래를歌

아는識 사람人 없도다無.

시대가時 그런가耶

운명이命 그런가耶

아且 어찌하랴奈何.

· **임마(恁麽)** : 이와 같은. 이러한.

· **무생(無生)** : 무생사(無生死)와 같은 뜻. 생사가 없는 경지이며 생사를 초월한 경지이니 다시는 번뇌가 일어나지 않는 깨달음의 경지를 일컫는 말.

불교를 공부하는 사람이 불국정토를 눈앞의 세계와는 전혀 다른 것으로 상상하고, 깨달음의 경지라는 것이 또한 우리의 삶과는 전혀 다를 것이라고 생각한다. 그래서 늘 엉뚱한 쪽으로만 간다. 동쪽으로 가려고 하면서도 서쪽으로 향하는 격이다.

깨달음을 이루신 뒤 부처님과 경허선사께서 보신 세상이 깨닫기 이전의 세상과 완전히 다른 것이었을까?

경허선사께서는 깨닫고 난 뒤에 본 세계를 "봄에는 꽃이 피고 새가 노래하며, 가을밤에는 달이 밝고 바람이 맑다"고 표현하셨다. 이것은 누구나 아는 것이다. 머리로는 알고 있는데, 마음은 꽃

처럼 아름답게 피지도 못하고, 새처럼 즐겁게 노래하지 못하며, 달처럼 환하게 밝지도 못하고, 바람처럼 시원하지도 않으니 어찌된 일인가? 달라지는 이유는 마음에 일체의 분별망상이 있느냐 없느냐 하는 것이다. 분별망상이 완전히 사라지면 적멸의 노래가 천지에 가득하다. 적멸의 노래는 본래부터 끝없이 지속되어온 것이니 누군가가 굳이 부를 것도 없는 것이다. 그러나 사람들은 언제나 이 노래를 듣지 못해서 적멸해지지 못하고 있다.

　깨닫지 못하는 것이 말법시대 때문인가? 그렇지 않다. 범부들의 운명적인 신세인가? 그렇지 않다. 그럼 어쩌면 될까? 지금 당장 모든 것을 내려놓으면 된다. 아차차! 내려놓는다는 것도 딱 들어맞는 것이 아니지. 본래 내려놓을 것이 없었지. 그것만 깨달으면 되는데, 쯧쯧!

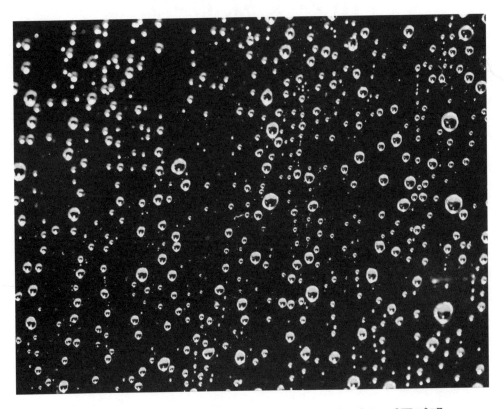

유리창의 빗방울 - 귀찮게 생각하는 이가 있고 아름답게
보는 이가 있다.

경허 선사 깨달음의 노래 02

^{산 색 문 수 안}
山色文殊眼이요

^{수 성 관 음 이}
水聲觀音耳며

^{호 우 환 마 시 보 현}
呼牛喚馬是普賢이요

^{장 삼 이 사 본 비 로}
張三李四本毘盧로다

산山 빛은色 문수보살의文殊 눈이고眼

물水 소리는聲 관음보살의觀音 귀이며耳,

소치는 이와呼牛 말 부리는 이가喚馬

바로是 보현보살이고普賢,

모든 이들이張三李四 본래本

비로자나불이다毘盧.

명 불 조 설 선 교
名佛祖說禪教나

하 수 특 지 생 분 별
何殊特地生分別가

부처니佛 조사니祖 이름하고名

선이니禪 교니教 설명하지만說

어찌何 별스럽게殊 짐짓特地

분별을分別 일으키는가生.

· **호우환마(呼牛喚馬)** : 소를 부르고 말을 부름. 소치는 이와 말 부리는 사람.

· **장삼이사(張三李四)** : 중국에서 가장 흔한 성씨인 '장' 씨네 셋째와 '이' 씨네 넷째 아들이라는 뜻. 평범한 사람. 모든 사람.

· **비로(毘盧)** : 비로자나불(毘盧遮那佛). 청정한 진리의 부처.

· **특지(特地)** : 특별히, 일부러, 짐짓.

석 인 창 적 목 마 타 수
石人唱笛木馬打睡로다

돌사람이石人 피리를笛 불고唱
목마가木馬 꾸벅꾸벅 조는구나打睡.

· 타수(打睡) : 타(打)는 어떤 행위를 나타내는 접두어

불자들이 꿈꾸는 문수보살의 지혜가 어떤지를 알고 싶으면 저 산 빛을 보라. 세상을 품는 관음보살의 자비를 알고자 한다면 저 흐르는 물소리를 살펴보라. 보현의 행원을 깨닫고 싶다면 소치는 농부와 말을 모는 마부의 그 마음을 들여다보면 될 것이다. 여기에서 깨닫는 사람이라면 만나는 모든 이가 비로자나불과 한 치의 다름이 없음을 알게 될 것이다.

입만 벌리면 부처가 어떠니 조사가 어떠니 표현하고, 선(禪)은 부처님의 마음이라느니 교(敎)는 부처님의 말씀이라느니 설명하지만, 알고 보면 그것만큼 부질없는 일도 없다. 그런 것이야 말로 사람들로 하여금 몽상에 빠지게 하는 분별임을 알아야 한다.

그럼 어쩌란 말인가? 돌장승이 멋들어지게 피리를 불고 목마가 꾸벅꾸벅 졸고 있는 이 도리를 깨달으면 된다. 아차차! 한 생각도 일으키지 말라. 벌써 어긋나고 있다.

이것이 문수보살의 눈, 관음보살의 귀 – 보고 듣는가?

<ruby>凡<rt>범</rt></ruby><ruby>人<rt>인</rt></ruby><ruby>不<rt>불</rt></ruby><ruby>識<rt>식</rt></ruby><ruby>自<rt>자</rt></ruby><ruby>性<rt>성</rt></ruby>하야

凡人不識自性하야

謂言聖境非我分이라하나니

可憐하도다

범부는凡人 자신의 참된 성품을自性

알지識 못하여不

이르기를謂

"성인의聖 경지는境 나의我

분수가分 아니다非"고 말한다言.

가련하구나可憐!

차 인 지 옥 재
此人地獄滓라

이런 사람은此人
지옥에서도 가장 심한 고통을 받을
사람일 뿐이로다地獄滓.

- **범인(凡人)** : 평범한 사람. 여기서는 범부(凡夫)를 가리킴.
- **범부(凡夫)** : 부처님께서 가르쳐 주신 사제법(四諦法) 등의 이치를 깨닫지 못한 상태에서 번뇌를 일으켜 괴로움을 받으며 사는 단계의 사람. 수행단계에서는 특정한 단계를 지칭하지만 대개는 중생이라는 말과 같은 뜻으로 사용됨.
- **자성(自性)** : 자신의 참 성품. 본래의 참된 성품. 본래부터 청정한 본체. 이 자성은 범부에게도 본래부터 있는 것이라서 그 자리만 보면 부처와 다를 것이 없다고 함.
- **성경(聖境)** : 성인의 경지. 불교에서는 완전한 깨달음에 이른 사람을 성인(聖人)이라고 함.
- **지옥재(地獄滓)** : 지옥 찌꺼기. 지옥의 가장 심한 고통을 받을 중생.

회 억 아 전 생 사
回憶我前生事하니

사 생 육 취 제 험 로
四生六趣諸險路에

장 겁 윤 회 수 고 신
長劫輪廻受苦辛이

나의我 전생前生 일을事

돌이켜回 생각해보니憶

네 가지 태생四生 여섯 세계六趣

모든諸 험한險 길에路

오랜長 겁을劫 윤회하며輪廻

괴로움과苦 쓰라림을辛 받은 것이受

금 대 목 전 분 명
今對目前分明한대

사 인 파 내 혜
使人叵耐兮리요

지금今 눈앞에目前 대하듯對

분명한데分明

사람들로人 하여금使

어찌 감당케 하리오叵耐兮.

- **사생(四生)** : 생물이 태어나는 네 가지 모습. 태로 태어나는 것, 알로 태어나는 것, 습기로 태어나는 것, 변화로 태어나는 것. 네 가지 태생.
- **육취(六趣)** : 흔히 육도(六道)라고도 함. 깨닫지 못한 상태에서 윤회할 수 있는 여섯 가지 세계. 천상, 인간, 아수라, 축생, 아귀, 지옥.
- **윤회(輪廻)** : 깨닫지 못한 상태에서 자신이 짓는 업(業)에 따라 생사를 되풀이하는 것

세상에는 포기하지 않고 뜻을 이루는 사람과 포기하고 힘들게 사는 사람의 두 부류가 있다. 불교식으로 말하자면 원력을 세워 수행하여 깨닫는 사람이 있고, 스스로를 못난이로 치부해버려서 원력도 세우지 않고 수행도 하지 않은 채 점점 심해지는 괴로움에 몸부림치는 이가 있다. 앞 경우에 해당되는 이를 성인(聖人)이라고 하고, 뒤의 경우에 해당되는 이를 범부(凡夫)라고 한다.

깨닫고 보면 깨달음 이전의 수많은 고뇌와 방황이 얼마나 어리석은 것이었는지가 명확하게 보인다. 전혀 그럴 이유도 그럴 필요도 없는 것이었지만, 다만 스스로가 보지 못하기에 범하고 받는 인과일 뿐인 것이다. 그러므로 부처님께서도

45년간 뙤약볕 아래 땀 흘리며 걸어 다니셨고, 만나는 사람마다 입이 마르도록 바른 길을 설명하셨던 것이다. 무릇 바른 길을 깨달은 사람이라면 어찌 주위의 사람들이 괴로움의 세계에 머물게 할 수 있겠는가.

깨닫고 보면 범부와 성현의 근본이 같고 부처와 중생의 본성에 다름이 없는 것이로되, 깨닫기 전의 사람에게는 뜬구름 잡는 얘기에 지나지 않는다. 아무리 다름이 없다고 해도 여전히 어리석은 행위를 일삼고 괴로운 결과에 몸부림치기 때문이다. 그러므로 모든 선지식들이 인연 닿는 이들을 깨닫게 하기 위해 그토록 갖가지 방편을 쓰는 것이다.

경허 선사 깨달음의 노래 04

어떤 이는 극락으로 향하고 어떤 이는 지옥의 고통 속으로
들어간다 – 개화사 영단 탱화

행유숙연　인이장부
幸有宿緣하야 人而丈夫로

출가득도
出家得道하니

사난지중무일궐
四難之中無一闕이로다

유인위희언
有人爲戲言호대

다행히幸 숙세의宿 인연이緣 있어서有

사람이 되고人 다시而 장부가 되어丈夫

출가하여出家 도를 깨달으니得道

불교수행의 네 가지 어려움 중에四難之中

하나도一 빠진 것이闕 없도다無.

어떤有 사람이人 장난스런 말로戲言

^{작 우} ^{무 비 공}
作牛라도 無鼻孔할새

^{인 어 언 하} ^{오 아 본 심}
因於言下에 悟我本心하니

"소가^牛 되어도^作 콧구멍이^{鼻孔} 없으면^無

되지" 하여^爲 그 말을 듣자마자 ^{因於言下}

나의^我 본래 마음을^{本心} 깨달으니^悟,

· **숙연(宿緣)** : 오랜 인연. 지난 세상으로부터의 인연. 오랜 생을 수행한 인연.

· **사난(四難)** : (1) 『법화경』 〈방편품〉에서 말한 네 가지 어려움. ① 치불난(値
佛難)-부처님을 만나기 어려움 · ② 설법난(說法難)-좋은 인연이 아니면 설
법하기 어려움 · ③ 문법난(聞法難)-부처님의 가르침을 제대로 듣기 어려
움 · ④ 신수난(信受難)-부처님의 가르침을 받아 실천하기 어려움.
(2)오도가에서는 다음 네 가지를 뜻함. ①인(人)-사람 몸 받기 어려움. ②장
부(丈夫)-장부로 살기 어려움. ③출가(出家)-출가하기 어려움. ④득도(得
道)-도 깨닫기 어려움.

· **언하(言下)** : 말끝에. 말이 떨어지자 말자. 곧바로.

_{명 역 공}
名亦空하고 _{상 역 공} 相亦空하야

_{공 허 적 처 상 광 명}
空虛寂處常光明이로다

_{종 차 일 문 즉 천 오}
從此一聞卽千悟하니

이름名 또한亦 공하고空

모양相 또한亦 공해서空

공인空 비고虛 고요한寂 곳에處

항상常 빛이 가득하도다光明.

이로부터從此 한번一 들으면聞

곧卽 천 가지가千 깨쳐지니悟

안 전 고 명 적 광 토
眼前孤明寂光土요

정 후 신 상 금 강 계
頂後神相金剛界로다

눈앞은眼前 홀로孤 밝은明

고요한 빛의 세계요寂光土

정신은頂後 지혜의 빛 가득하여神相

금강의金剛 세계로다界.

- **공(空)** : 범어 쑤운야(śunya)를 한역한 것. 세상 모든 것은 연기(緣起)에 의해 끝없이 변화하기에 고정불변한 실체가 없음.
- **적광토(寂光土)** : 평화로운 빛으로 가득한 나라. 부처님께서 이르신 깨달음의 세계 또는 진리의 세계.
- **정후(頂後)** : 정수리 뒤. 정신세계.
- **신광(神光)** : 신비로운 부처님의 광명. 부처님 지혜의 빛.
- **금강계(金剛界)** : 깨달음의 경지는 모든 번뇌를 깨뜨릴 수 있는 금강(金剛-최강의 무기인 바즈라)과도 같아서 어떤 것도 훼손할 수 없다는 뜻.

불교수행은 숙세의 인연이 있어야 가능하다고 했다. 경허선사는 자신을 볼 때 숙세의 인연이 있었기에 사람이 되고 대장부가 되었으며 출가해서 도를 깨달을 수 있었다고 했다. 어떤 이는 이런 말을 들으면 특별한 사람만 깨달을 수 있구나 하고 포기하는 경우가 있다. 하지만 불교의 수행이라는 것이 하루아침에 되지 않는다는 것을 알아서 열심히 정진하라는 뜻이다. 목마른 자가 우물을 판다고 하지만, 한두 번의 삽질에 우물이 되지 않는 것과 같은 이치이다.

경허선사도 목숨을 걸고 정진한 끝에 '소가 되어도 콧구멍이 없으면 된다'는 말끝에 마지막 관문을 통과할 수 있었던 것이다. 깨달음의 세계는 그 무엇에도 끌려가지 않는 경지이다. 어떤 명예에도 흔들리지 않고 그 어떤 관념에도 구속되지 않는 경지이다. 샘물은 땅속에서 솟아나기에 하늘에서 비가 떨어지길 기다릴 필요가 없다. 본래의 마음 땅에는 샘물처럼 끝없이 솟아나는 지혜가 충만하다. 그러니 더 이상 갈증으로 괴로워할 필요가 없는 것이다.

자유로움과 행복은 자기 안에 있다. 그렇다고 수술로 가슴을 헤친다고 나오는 그런 '안에 있음'은 아니다. 찾는 사람의 입장에서는 보이지 않지만, 깨달은 사람은 항상 누리는 것이 자유와 행복이다.

비록 흰소로 태어났으나 콧구멍이 한번 꿰이면
남의 수레나 끌어야 한다.

달라이라마 존자님과 한 자리에 있었다고 누구나 다
같은 경지가 되는 것은 아니다. - 2006년 접견실에서

사 대 오 음　　　청 정 신
四大五陰이 淸淨身이요
극 락 국　　　확 탕 겸 한 빙
極樂國은 鑊湯兼寒氷이며

네 가지 요소의 몸과 四大

육체와 정신작용의 다섯 구성인

범부의 심신이 五陰

여래의 청정한 몸이고 淸淨身,

극락세계라고 하는 것은 極樂國

가마솥에 죄인을 삶는

확탕지옥과 鑊湯

몸이 얼어 부서지기를 되풀이하는

한빙지옥을 寒氷 겸한 곳이다 兼.

· **사대(四大)** : 세상을 구성하는 네 가지 요소. 땅의 요소(地大), 물의 요소(水大), 불의 요소(火大), 바람의 요소(風大). 보통은 몸을 가리킴.

· **오음(五陰)** : 사람의 신체와 정신을 다섯 가지 요소로 분석한 것. 색(色-몸), 수(受-감수 작용), 상(想-이미지 형성 작용), 행(行-의지 작용), 식(識-인식 작용).

· **확탕(鑊湯)** : 확탕지옥. 가마솥에 산 채로 삶는 고통이 계속되는 지옥.

· **한빙(寒氷)** : 한빙지옥. 몸이 얼어서 부서졌다가 다시 회복되기를 되풀이하는 고통을 받는 지옥.

華藏刹이 劍樹及刀山이요

法性土는 朽壞糞堆며

비로자나의 연화장세계가華藏刹

나뭇잎이 칼날로 된 검수지옥과劍樹

아울러及

칼날이 풀처럼 가득한 도산지옥이고刀山,

여래의 진리 몸 머문다는 정토는法性土

썩은 땅과朽壞

똥 무더기이다糞堆.

· **화장찰(華藏刹)** : 연화장세계(蓮華藏世界). 화엄불교의 가장 이상적인 세계로 연꽃 속에 감춰져 있는 이상세계. 즉 진리의 부처인 비로자나불(毘盧遮那佛)의 정토로 비로자나불께서는 천 개의 잎을 가진 연화좌(蓮華座)에 앉아 계시고, 낱낱 연잎에는 100억의 국토가 있으며 그 국토에는 보신불(報身佛)이 출현한다고 함.

· **검수(劍樹)** : 검수지옥. 칼로 된 잎이 있는 나무가 빽빽한 지옥으로, 바람이 불면 나뭇잎에 해당하는 칼들이 떨어져 죄인의 몸에 꽂힌다고 함.

· **도산(刀山)** : 도산지옥. 칼이 빈틈없이 꽂힌 땅을 계속 걸어야 하는 지옥. 칼이 발등을 뚫고 나와 고통이 말할 수 없다고 함.

· **법성토(法性土)** : 여래(如來)의 맑고 깨끗한 법신(法身)이 머문다고 하는 정토(淨土). 진리를 있는 그대로 드러낸 우주 그 자체를 부처의 세계로 간주한 말.

대 천 계　　의 혈 문 첩
大千界가 螘穴蚊睫이요

삼 신 사 지　　허 공 급 만 상
三身四智는 虛空及萬像이니

촉 목 본 천 진
觸目本天眞이라

상상불허의 대우주인 삼천대천세계가大千界

개미구멍과螘穴 모기 속눈썹이고蚊睫,

부처님의 세 가지 몸과三身

부처님의 네 가지 지혜는四智

빈 하늘과虛空 아울러及 온갖 형상이다萬像.

눈에目 닿는 것이觸 본래의本

천진불이니天眞,

야 대 기 야 대 기

也大奇也大奇로다

너무나 기이하고 也大奇

너무나 기이하다 也大奇.

- **대천계(大千界)** : 삼천대천세계. 우리가 알고 있는 우주의 10억 배가 되는 세계.
- **의혈(蟻穴)** : 개미집. 아주 좁은 공간.
- **문첩(蚊睫)** : 모기의 속눈썹. 아주 좁은 장소.
- **삼신(三身)** : 부처님의 세 가지 몸. 진리의 몸인 법신(法身), 수행의 결과 이루어진 원만한 보신(報身), 자비로 중생의 눈높이에 맞춘 화현의 화신(化身).
- **사지(四智)** : 성불할 때 범부의 8가지 의식이 변하여 나타나는 네 가지 지혜. 성소작지(成所作智) · 묘관찰지(妙觀察智) · 평등성지(平等性智) · 대원경지(大圓鏡智)
- **천진(天眞)** : 꾸밈이나 거짓이 없이 자연 그대로 깨끗하고 순진함. 대개 있는 그대로의 본래 부처라는 뜻의 천진불(天眞佛)의 의미로 사용함.

물질적인 몸과 번잡한 정신작용, 온갖 두려움의 대상인 지옥들, 콧구멍 같은 집과 썩은 냄새 풀풀 나는 주거환경, 손에 잡히는 것 없는 허망한 생각과 끝없이 변해가는 삼라만상, 이러한 것들은 중생의 상징이며 사람들이 벗어나려 애쓰는 것들이다.

다이아몬드보다 더 투명하다는 여래의 몸, 괴로움이 전혀 없는 극락세계나 연화장세계, 깨달은 이들의 법성의 땅과 무한대의 우주, 부처님의 자유자재한 몸과 부처님의 걸림 없는 지혜, 이런 것들은 사람들이 오매불망 이르고자 하는 곳이거나 경지이다.

그러나 위의 것들은 싫어하거나 좋아하거나 간에 구름 같고 무지개 같은 것이며, 안개 같고 신기루 같은 것일 뿐이다. 여전히 두 가지 세계가 이쪽과 저쪽에 보인다면 혼미한 상태에 놓여 있다고 판단하면 된다.

누구나 이렇게 불교공부를 시작했고, 약간의 변화에 위안을 삼으며 신행생활을 하는 것도 사실이다. 하지만 부처님의 가르침을 제대로 들어보라. 무엇을 가리키고 있는지를 깨달아야 한다.

경허선사께서도 이전에 후학들을 이렇게 나누어 가르쳤다. 그러나 깨닫고 보니 모두가 분별의 프리즘을 통과한 무지개였다. 프리즘을 통과하기 이전의 햇빛을 보라. 거기 갖가지 색 따위는

존재하지 않는다. 이 둘을 통으로 보면 투명한 빛과 무지개 색이 별개의 것이 아닌 것이다. 자! 이 얼마나 놀라운 일인가. 하지만 이해하려고 애쓰지 말라. 그저 시간 낭비가 될 뿐이다. 왜냐하면 그건 이해의 차원이 아니기 때문이다.

어떤 이는 이곳에서도 싸우고 괴로워 한다.

어떤 이는 이곳에서 행복하게 웃으며 산다.

송 풍 한　　　사 면 청 산
松風寒하니 四面靑山이요

추 월 명　　　일 천 여 수
秋月明하니 一天如水로다

솔바람松風 차가우니寒

사면이四面 푸른 산이요靑山,

가을달이秋月 밝으니明

온 하늘이一天 물빛이어라如水.

· 일천(一天) : 온 하늘

황화취죽　　앵음연어
黃花翠竹과 鶯音燕語가

상연대용　　무처불현
常然大用하여 無處不現이로다

노란 꽃黃花 푸른 대와翠竹

꾀꼬리 노래鶯音 제비의 지저귐이燕語

언제나 늘常然 크게大 작용해用

나타내지現 않는不 곳處 없도다無.

시 문 천 자　　　하 수 취
市門天子인들 何須取오

평 지 상 파 도　　　구 천 옥 인
平地上波濤요 九天玉印이로다

세간의 市門 황제자리인들 天子
어찌 何 취할 리 있으랴 須取.
평지 平地 위의 上 파도요 波濤
하늘의 九天 옥도장이로다 玉印.

· **구천(九天)** : 하늘을 아홉 방위로 본 것. 온 하늘.

스스로 번뇌 망상을 다 떨쳐버리고 세상을 보면, 있는 그대로가 정토요 진여(眞如)의 모습이다. 오직 자신의 허망한 생각이 일어나고 사라짐에 따라 자신의 마음국토가 때로는 안개 가득하고 때로는 청명하며, 때로는 폭풍우가 몰려오고 때로는 햇빛이 찬란하다. 그러나 스스로가 차가운 솔바람처럼 밝은 가을 달처럼 되기 전에는 이 도리를 모른다.

사람들은 행복의 세계를 꿈꾸고, 괴로운 이곳을 떠나 행복한 그곳으로 가려고 발버둥 친다. 때로는 그곳이 미국이 되기도 하고, 인도가 되기도 하며, 티베트가 되기도 하고, 아프리카가 되기도 한다. 하지만 문제가 자기 자신임을 깨닫기 전에는 지금 안고 있는 괴로움이 '그곳'에 먼저 가서 기다리고 있음을 알아야 한다. 마음의 닫힌 문을 활짝 열고 보라. 꽃 피고 새 지저귐이 곧 행복을 구가하고 있음을 알게 될 것이다. 어리석은 이가 말을 타고 말을 찾듯이, 행복을 디디고 있으면서도 알지 못하고 행복을 찾아 멀리 떠나는 어리석음을 범하는 것이다.

 이 도리를 확연히 깨달은 사람이라면 대통령 자리를 준다고 해도 돌아보지도 않으며, 남들이 입을 모아 명예로운 자리라고 해도 쳐다보지도 않는다. 지혜로운 이에게는 그런 것들이 대지 위를 스치는 흙먼지 바람처럼 보이고, 맑은 하늘에 잠시 일어났다 사라지는 구름조각 같기 때문이다.

서로 의지하고 포용하며 연기의 법을 보이는 정토가 펼쳐져 있다

71

^진 ^괴 ^재　　^촉 ^루 ^리 ^안 ^정
眞恠在라 髑髏裏眼睛이여

^무 ^량 ^불 ^조　　^상 ^현 ^전
無量佛祖가 常現前하나니

^초 ^목 ^와 ^석　　^시 ^화 ^엄 ^법 ^화
草木瓦石이 是華嚴法華로다

참으로眞 괴이하구나恠在

해골 속의髑髏裏 눈동자여眼睛!

한량없는無量 부처와佛 조사가祖

항상常 앞에 나타나나니現前,

풀과草 나무草木, 기왓장과傳 돌멩이가石

곧是 화엄이며華嚴 법화로다法華.

<ruby>我<rt>아</rt></ruby><ruby>常<rt>상</rt></ruby><ruby>說<rt>설</rt></ruby>하노니 <ruby>行<rt>행</rt></ruby><ruby>住<rt>주</rt></ruby><ruby>坐<rt>좌</rt></ruby><ruby>臥<rt>와</rt></ruby>가 <ruby>是<rt>시</rt></ruby>니라

<ruby>無<rt>무</rt></ruby><ruby>佛<rt>불</rt></ruby><ruby>無<rt>무</rt></ruby><ruby>衆生<rt>중생</rt></ruby>이니 <ruby>是<rt>시</rt></ruby><ruby>我<rt>아</rt></ruby><ruby>非<rt>비</rt></ruby><ruby>妄言<rt>망언</rt></ruby>이라

내가我 늘常 말하지만說

가고行 머물며住 앉고坐 눕는 것이臥

이것이니라是.

부처도佛 없고無 중생도衆生 없나니無,

이것은是 내가我

거짓말을 하는 것이妄言 아니다非.

· **화엄법화(華嚴法華)** : 화엄경의 가르침과 법화경의 가르침.

변 지 옥　　　　작 천 당
變地獄하야 作天堂호미

총 재 아 작 용
摠在我作用이며

백 천 법 문 무 량 의
百千法門無量義가

흡 사 몽 각 연 화 개
恰似夢覺蓮華開로다

지옥을地獄 바꿔變 천당을天堂 만드는 것이作

모두摠 나의我 작용에作用 있으며在,

백 천 가지百千 법문과法門 무량한無量 뜻은義

마치恰 꿈에서夢 깨는 것이覺

연꽃이蓮華 피는 것과開 같도다似.

참으로 기이한 일이다. 십만 억 불국토를 지나야 겨우 서방정토에 이르러 아미타불 만날 것이라 생각하고 수행했는데, 어느 날 눈앞에서 불보살님과 조사님들이 미소 짓고 있지 않는가! 이 일이 어찌된 것인가? 그동안 불보살을 볼 수 있는 진짜 눈은 꼭 감고 허망한 현상을 좇는 가짜 눈으로 살았기 때문이다. 진짜 눈이 열리면 어찌 될까? 들리는 모든 소리가 곧 부처님의 설법이요, 보이는 것 모두가 천백억 화신의 부처이다. 이 경지가 되면 모든 것들이 곧 부처님께서 말씀하신 이치를 적나라하게 보여 주고 있음도 알 것이다.

이 경지란 어떤 것일까? 현상적으로는 특별하

게 다를 것은 없다. 그러나 깨달은 사람에게는 삶의 모든 순간이 곧 부처와 함께 하고, 모든 경전에서 설파한 도리를 드러냄이다. 여기에 이르면 중생과 부처가 따로 없는 것이다. 어리석었을 때는 지옥 같았던 모든 삶이 깨닫고 보면 곧 천상처럼 바뀌니, 그것은 어느 누가 따로 주는 것이 아니라 자신이 그렇게 만들어가는 것이다. 깨닫기 전에는 흙탕물만 있는 것 같았으나 깨닫고 보면 연꽃 가득 핀 연꽃 밭인 것처럼, 보이고 들리는 것이 법문 아닌 것이 없는 것이다. 그러니 어찌 부처를 찾을 것이며, 극락정토를 가길 바라겠는가.

스스로가 막히지만 않으면 나도 없고 너도 없는 것이다.

이 변 삼 제　　하 처 멱
二邊三際를 何處覓가

시 방 무 외 대 광 명
十方無外大光明이네

일 언 이 폐 지 호
一言而蔽之乎면

아 위 대 법 왕
我爲大法王이로다

양 극단과二邊 과거 · 현재 · 미래를三際

어느何 곳에서處 찾으랴覓.

온 우주가十方 빠짐없이無外

크나큰 광명이네大光明.

한 마디로 말하자면一言而蔽之乎

나는我 대법왕이로다爲大法王.

어 법   총 자 재
於法에 摠自在하니

시 비 호 오   언 유 가 애
是非好惡에 焉有罣碍리오

존재에 대해於法 언제나摠 자재하니自在,

옳고是 그름과非 좋아하고好 미워함에惡

어찌焉 걸림이罣碍 있으랴有?

· **이변(二邊)** : 두 변. 양 극단. 예컨대 선(善)과 악(惡), 생(生)과 사(死), 시(是)
와 비(非) 등.

· **삼제(三際)** : 삼세(三世)와 같은 뜻. 과거 · 현재 · 미래.

· **시방(十方)** : 동 · 서 · 남 · 북과 그 중간 방위와 상 · 하. 온 우주. '십방'이라
고 발음하지 않음.

· **대법왕(大法王)** : 위대한 진리의 왕. 부처님.

無智人은 聞此言하고
무 지 인   문 차 언

以我造虛語라하야
이 아 조 허 어

不信하고 又不遵하나
불 신   우 부 준

지혜가智 없는無 사람은人

이此 말을言 듣고는聞

내가我 헛소리를虛語 지어낸다고造 하여以

믿지信 않고不 또한又

따르지도遵 않겠지만不,

약 유 천 이 객　　　　체 신 즉 무 의
若有穿耳客인댄 諦信卽無疑면

변 득 안 심 입 명 처
便得安身立命處리라

만약若 귀가耳 뚫린穿 사람이客 있어서有

자세히 알고諦 믿어信 곧卽 의심이疑 없으면無

문득便 깨달음의 경지를安身立命處 얻을 것이다得.

· 천이객(穿耳客) : 귀 뚫린 나그네. 깨달은 사람.
· 안신입명(安身立命) : 안심입명(安心立命)이라고도 함. 선가(禪家)에서 깨달
  음에 이르러 생사를 초탈하고 영원히 편안함에 이른 경지를 일컫는 말.

어리석은 범부는 항상 편견으로 판단하기에 결과가 잘못되어 버린다. 하지만 깨달은 사람은 중도의 자리에서 판단하기에 결과가 늘 깔끔하다.

어리석은 범부는 과거의 것을 놓지 못해 괴롭고, 현재의 것은 자유롭지 못해 괴로우며, 미래의 것은 알지 못해 괴로워한다. 그러나 깨달은 사람은 과거의 것은 아쉬워하지 않으니 아름답고, 현재의 것은 잡으려 하지 않으니 자유롭고, 미래의 것은 불안해하지 않으니 새롭기만 하다.

이와 같은 경지에서 보면 벗어나고 싶은 지옥세상도 없고, 한사코 가고 싶다는 극락이 따로 없다. 온 우주 전체가 빛나는 광명국토이기 때문이다. 여기에 사는 이는 곧 자기 부처를 이미 찾은

것이다. 이 사람은 만나는 모든 것과 자재하게
소통하고 조화를 이루기에, 옳고 그름과 좋아함
과 미워함에 걸려 넘어지지 않는다.

　팔만대장경과 천하의 선지식들이 모두 이 소식
을 전하였지만, 어리석은 사람들은 모두 지어낸
말이라고 비난하며 믿지 않고 기어이 가시밭길
을 선택한다. 그러나 일체의 관념으로부터 자유
로워진 사람이라면, 부처님과 조사님들의 가르
침에 마음이 열리고 밝게 알며 굳게 믿어 깨달음
을 이른다.

부처님께서 정각을 이루신 보드가야 보리도량에서 사람들은
또 다른 정토를 꿈꾼다.

기 어 진 세 인
寄語塵世人하노니

일 실 인 신　　　만 겁 난 봉
一失人身이면 萬劫難逢이니라

황 차 부 명　　　조 불 모 석
況且浮命은 朝不謀夕이어니

티끌세상塵世 사람들에게人

부탁해 말하노니寄語

한 번一 사람 몸을人身 잃으면失

만겁에萬劫 만나기逢 어려우니라難.

더구나況且 덧없는浮 목숨은命

아침에朝 저녁을夕 도모할 수謀 없으니不,

맹 려 신 각 행
盲驢信脚行하나

안 위 총 부 지
安危摠不知로다

눈먼盲 나귀가驢

다리만脚 믿고信 가지만行

안전과安 위험을危

전혀摠 알지知 못하도다不.

· **기어(奇語)** : 부탁해 말함.
· **진세(塵世)** : 티끌세상. 속세. 번뇌 가득한 세상.
· **부명(浮命)** : 뜬 목숨. 덧없는 목숨.

_{피 여 시 차 여 시}
彼如是此如是한데

_{하 불 래 아 학 무 생}
何不來我學無生하야

_{작 득 인 천 대 장 부}
作得人天大丈夫아

저기도_彼 이러하고_{如是}

여기도_此 이러한데_{如是}

어찌_何 나에게_我 와서_來

나고 죽음 없는 도리를_{無生} 배워_學

인간과_人 하늘의_天 대장부가_{大丈夫}

되려 하지_{作得} 않는가_不.

오 소 이 여 시　　노 구 재 삼 촉
吾所以如是로 勞口再三囑은

증 위 랑 자　　편 련 객
曾爲浪子하야 偏憐客일새니라

내가吾 이와 같은如是 까닭으로所以

입을□ 수고로이 하여勞 재삼再三 당부하노니囑,

일찍이曾 방랑자가浪子 되어 보았기에爲

특별히偏 나그네를客 어여삐 여기느니라憐.

· **피여시차여시(彼如是此如是)** : 저기도 이러하고 여기도 이러하다. 이곳저곳
이 다 그렇다는 뜻으로 볼 수도 있겠으나, 여기서는 죽어서도 살아서도 마찬
가지라는 뜻.

· **무생(無生)** : 무생사(無生死)와 같은 뜻. 생사가 없는 경지이며 생사를 초월
한 경지이니 다시는 번뇌가 일어나지 않는 깨달음의 경지를 일컫는 말.

· **인천대장부(人天大丈夫)** : 인간과 하늘의 뛰어난 장부. 깨달은 사람. 부처님.

생각 많은 사람들은 자신이 사람이라는 것에 대해 당연한 듯이 생각한다. 그러나 인식(識)만 아주 맑아져도 현재의 사람이라는 위치가 얼마나 귀중한 위치인지를 알게 될 것이다. 인간의 위치란 유일하게 깨달음에 이를 수 있는 위치이다. 인간보다 복이 많은 천상세계도 깨닫기에는 최적의 장소가 아니며, 인간보다 못한 축생이하의 세계는 더더욱 깨닫기에 어려운 곳이다. 그러니 어떻게 인간이라는 이 절호의 찬스를 놓치겠는가.

그러나 사람들은 천년만년 살 것처럼 세상의 온갖 걱정을 끌어안고 산다. 오늘 자가용의 운전대를 잡고 심장마비를 일으킨 사람도 어제까지 몇

십 년 뒤의 노후걱정을 하느라 웃을 여유가 없었을 것이며, 오늘저녁 잠자다가 숨을 거두는 이도 오후에 노후의 건강을 위한답시고 헬스클럽을 다녀왔을지도 모를 일이다. 과연 누가 생명을 보장받은 이가 있겠는가? 그러니 지금 바로 해탈의 대자유와 평화를 누려야만 하는 것이다.

어떤 이는 이 세상이 힘들다고 스스로 목숨을 끊기도 하지만, 그렇다고 저 세상이 행복을 보장해 주는가. 목숨을 끊는 순간의 그 슬프고 아픈 마음으로 구천을 떠돌지도 모르고, 모진 세상에 떨어져 행복이라는 단어를 잊고 살지도 모를 일이다. 그러니 지금 바로 생사윤회에서 벗어나는 마음공부를 시작하라. 부처님께서 잘 믿지 않는 사람들 때문에 무수한 생의 과거얘기를 하신 것이며, 선지식들이 입이 아프도록 마음공부 권하는 것도 윤회의 괴로움이 얼마나 큰 지를 잘 알기 때문이다. 부처는 부처 걱정을 하지 않고, 선지식은 선지식 때문에 애쓰지 않는다. 오로지 범부의 해탈을 위해 걱정하고 애쓸 따름이다.

괴로움을 일으키는 일체의 번뇌라는 마군들의 공격을
물리치시고 항복받으시는 부처님

오 호 이 의 부
嗚呼已矣夫라

의 발 수 전　　　사 고 무 인
衣鉢誰傳가 四顧無人이라

사 고 무 인　　　의 발 수 전
四顧無人이라 衣鉢誰傳가

오호라 안타깝구나嗚呼已矣夫.

가사와衣 발우를鉢 누가誰 전하랴傳.

사방을四 둘러봐도顧 사람이人 없구나無.

사방을四 둘러봐도顧 사람이人 없구나無.

가사와衣 발우를鉢 누구에게誰 전하랴傳.

- **의발(衣鉢)**: 가사와 발우. 불교의 수행자가 평생 지참하는 물건. 스승이 자기가 쓰던 의발을 제자에게 주는 것을 깨달음을 인정하는 행위로 보기도 하지만, 그러나 이것은 중국에서 비롯된 것으로 볼 수 있음.
- **의발수전(衣鉢誰傳)**: '의발을 누구에게 전하랴' '의발을 누가 전하랴' 의 두 가지 번역이 모두 가능함. 경허선사는 의발을 전하고 받는다는 것 즉 법을 전하고 받는다는 것이 부질없는 일이며, 불가능한 것임을 갈파한 것임.
- **사고(四顧)**: 사방을 돌아보다. 어느 한쪽에 치우친 것이 아니라 온 천하를 걸림 없이 보는 경지. 깨달음의 경지를 비유한 말.
- **무인(無人)**: 사람이 없다. 인(人)의 자리에 어떤 것을 대체해도 되는 표현임. 즉 무불(無佛), 무법(無法), 무성(無聖), 무보리(無菩提), 무번뇌(無煩惱), 무중생(無衆生) 등으로 표현해도 됨.
- **사고무인(四顧無人)**: 깨달은 경지에서는 부처니, 중생이니, 번뇌니, 지혜니, 사람이니, 법이니 하는 차별상이 없음을 갈파한 것임.

송 왈
頌曰

홀 문 인 어 무 비 공
忽聞人語無鼻孔하고

돈 각 삼 천 시 아 가
頓覺三千是我家라

유 월 연 암 산 하 로
六月燕巖山下路에

야 인 무 사 태 평 가
野人無事太平歌로다

게송으로頌 이른다曰

문득忽 누군가人 콧구멍鼻孔 없다無

말하는 것語 듣고는聞,

몰록頓 삼천세계가三千 바로是
내我 집임을家 깨달았네覺.
유월의六月 연암산燕巖山
아랫녘下 길에路
들사람이野人 일 없어無事
태평가를 부르도다太平歌.

· **무비공(無鼻孔)** : 콧구멍이 없다.
경허스님은 동학사 강원에서 가르치던 중에 옛 은사를 찾아가다가, 비오는 밤 돌림병이 도는 마을에서 자신이 알고 있는 불교교리가 해탈의 경지가 아닌 지식임을 알아차렸다. 그길로 돌아와 강원의 강주(講主)를 그만두고는 문을 닫아걸고 화두참구에 들어갔다. 어느 날 스님의 방 앞에서 사미승들이 떠드는 소리가 들렸다. "우리가 신도님들의 은혜를 입고도 깨닫지 못하면 내생에 소가 되어 그 빚을 갚아야 한다는데?" "어떤 분이 그러는데, 소가 되어도 코푸레 낄 콧구멍이 없으면 된다고 하던데?" 이 말을 듣는 순간 스님은 모든 의심에서 벗어나 대자유의 경지를 맛보게 되었다.

· **삼천(三千)** : '삼천대천세계(三千大千世界)'를 줄인 말. 일반적으로 말하는 세상의 1,000×1,000×1,000 배 즉 10억 배. 흔히 말하는 '온 우주법계'라는 말과 같음.

· **연암산(燕巖山)** : 충청남도 홍성에 있는 산. 경허선사께서 견성(見性) 후에 천장암으로 옮겨 보임(保任) 하시고는 오도가를 지었다고 함.

· **야인(野人)** : 오랑캐. 촌사람. 일반 백성. 들사람. 깨달은 사람.

· **무사(無事)** : 일 없음. 여기서는 깨닫기 위해 특별히 수행할 것이 남아 있지 않은 상태. 깨달은 경지.
불교경전에서는 이 말을 특수한 뜻으로 사용하는데, 대개 다음의 세 가지로 정리할 수 있음.
① 벽이 없음. 지장이 없음. (『장아함경(長阿含經)』)
② 실체가 없거나 작용이 없음.
③ 누구나 불성을 가지고 있으므로 밖으로 부질없이 부처를 찾지 않는 것.
　(『경덕전등록(景德傳燈錄)』)

· **야인무사태평가(野人無事太平歌)** : 들사람이 일 없어 태평가를 부르다. 깨달음의 경지에서 보면 모든 사람들이 이미 해탈경계에 있는 것임. 부처님께서 보리수 아래에서 깨닫고 난 뒤에 세상을 보니, 모든 이가 이미 부처였다고 하는 것과 같음

요즘 사람들은 대개 아주 큰 기업체에 취직하면 행복할 것이라고 생각한다. 그 회사가 자기의 미래를 보장할뿐더러 행복까지도 보장해 줄 것이라는 착각을 하기 때문이다. 아이돌을 꿈꾸는 청소년들은 대형기획사에 소속되기만 하면 행복한 연예인이 될 것이라고 생각한다. 하지만 이것도 역시 착각일 뿐이다. 기업체나 기획사는 자기들이 필요한 인재를 선택한 것이다. 그래서 어느 정도의 수입을 보장해 주기는 하지만 행복까지를 제공해 주지는 않는다. 행복이란 주고받는 물건이 아니기 때문이다. 회사에 취직하기 위해서나 기획사에 소속되기 위해 엄청난 노력을 기울였으면서도, 정작 자기 마음을 행복하게 하는 방

법들을 잘 몰랐기에 그 방면으로는 전혀 노력을 하지 않았다. 그러니 어찌 행복해질 수 있겠는 가. 결국 욕망의 늪에 빠져 허덕이는 결과를 만들고 만다.

출가를 하거나 마음 공부한다는 사람들이 그저 절에 들어가기만 하면 바로 편안해질 것이라고 생각하는 경우가 많다. 그러나 세월이 흐를수록 자기생각이 착각이라는 것을 알아차리게 된다. 그래서 세 가지 중에 하나의 길을 선택하는 것이다. 그냥 포기하고 일반적인 사회생활로 돌아가는 것과 그저 견딜 만하다고 생각하여 어떻게든 적응하려고 하는 것, 그리고 제대로 수행을 한번

해 보자고 새로운 각오로 다시 시작하는 것이다.

깨달음에 목말라하는 사람 중에는 좋은 스승 밑에 있으면 그 덕분으로 깨달을 수 있다고 생각하는 이들이 있다. 그러나 어느 스승도 깨달음 같은 것은 주지 않는다. 대신 험난한 수행의 길을 계속 제시한다. 그 지도에 따라 끝까지 가는 사람은 해탈의 기쁨을 맛보겠지만, 그렇지 않은 사람은 스승에게 실망했다며 떠나고 말 것이다.

어떤 이들은 누군가가 인정해 주기만 하면 자신이 깨달음을 얻었다는 착각에 빠지기도 한다. 그래서 계속해서 어떤 댓가를 지불하며 그 다음의 인정을 받으려 든다. 아마도 큰일을 당해보면 그것이 얼마나 허망한 거짓인지를 알 것이다. 요즘 명상센터를 다니며 또는 며칠간의 템플스테이를 하며 마음에 위안을 삼으려는 사람들도 많다. 전혀 도움이 되지 않는다고는 할 수 없겠으나 대부분 솔직하게 표현하는 말을 들어보면 자신이 뭘 했는지를 모르겠다고 한다. 그러면서도 누군가가 그런 종류의 얘기를 하면 자신의 그 효과 없는 일을 자랑삼아 얘기한다는 것이다.

밖에서 평화나 자유를 얻을 수 있다는 생각이 남아 있다면 해탈이 아니다. 해탈이란 더 이상 버릴 것도 구할 것도 없는 경지를 말한다. 모든 것이 귀하고 모든 것이 아름다우며, 모든 자리가 정토이고 모든 순간이 자유이다.

자신이 처한 위치가 무엇이건 구속되지만 않는 다면, 비록 소가 되더라도 코뚜레 꿰지 않고 천지를 자유롭게 다니는 것처럼 온 우주가 자신의 집이다. 그러니 농사를 짓건, 장사를 하건, 회사를 다니건, 절에 머물건 간에 늘 태평가를 부르는 사람이 될 것이다.

깨달음의 경지에서 보면 이미 세상은 정토이며, 모든 이들은 이미 해탈경계에 있다. 다만 깨닫지 못한 이들이 그것을 모르고 있을 뿐이다. 그러니

깨달음을 준다거나 해탈경계를 준다는 등은 근
본적인 입장에서는 맞는 말도 아니고, 가능한 일
도 아니다. 다만 그것을 모르고 있다는 것을 분
명하게 깨닫도록 도와줄 수 있을 뿐이다.

비록 척박한 곳이라 할지라도
천진한 마음에는 행복한 웃음꽃이 피어나는 법이다.

鏡虛 禪師 悟道歌

四顧無人이라 衣鉢誰傳가
衣鉢誰傳가 四顧無人이로다

春山花笑鳥歌하며
秋夜月白風淸이로다
正恁麼時에
幾唱無生一曲歌오
一曲歌여 無人識이라
時耶아 命耶아 且奈何오
山色文殊眼이요
水聲觀音耳며
呼牛喚馬是普賢이요

鏡虛 禪師 悟道歌(한문 원문)

張三李四本毘盧로다
名佛祖說禪教나
何殊特地生分別가
石人唱笛木馬打睡로다
凡人不識自性하야
謂言聖境非我分이라하나니
可憐하도다
此人地獄滓라
回憶我前生事하니
四生六趣諸險路에
長劫輪廻受苦辛이
今對目前分明한대

鏡虛 禪師 悟道歌(한문 원문)

使人叵耐兮리요

幸有宿緣하야 人而丈夫로

出家得道하니

四難之中無一闕이로다

有人爲戲言호대

作牛라도 無鼻孔할새

因於言下에 悟我本心하니

名亦空하고 相亦空하야

空虛寂處常光明이로다

從此一聞卽千悟하니

眼前孤明寂光土요

頂後神相金剛界로다

鏡虛 禪師 悟道歌(한문 원문)

四大五陰이 淸淨身이요

極樂國은 鑊湯兼寒氷이며

華藏刹이 劍樹及刀山이요

法性土는 朽壤糞堆며

大千界가 蟻穴蚊睫이요

三身四智는 虛空及萬像이니

觸目本天眞이라

也大奇也大奇로다

松風寒하니 四面靑山이요

秋月明하니 一天如水로다

黃花翠竹과 鶯音燕語가

常然大用하여 無處不現이로다

鏡虛 禪師 悟道歌(한문 원문)

市門天子인들 何須取오
平地上波濤요 九天玉印이로다
眞恠在라 髑髏裏眼睛이여
無量佛祖가 常現前하나니
草木瓦石이 是華嚴法華로다
我常說하노니 行住坐臥가 是니라
無佛無衆生이니 是我非妄言이라
變地獄하야 作天堂호미
摠在我作用이며
百千法門無量義가
恰似夢覺蓮華開로다
二邊三際를 何處覓가

112

十方無外大光明이네

一言而蔽之乎면

我爲大法王이로다

於法에 摠自在하니

是非好惡에 焉有罣碍리오

無智人은 聞此言하고

以我造虛語라하야

不信하고 又不遵하나

若有穿耳客인댄 諦信卽無疑면

便得安身立命處리라

寄語塵世人하노니

一失人身이면 萬劫難逢이니라

鏡虛 禪師 悟道歌(한문 원문)

況且浮命은 朝不謀夕이어니
盲驢信脚行하나
安危摠不知로다
彼如是此如是한데
何不來我學無生하야
作得人天大丈夫아
吾所以如是로 勞口再三囑은
曾爲浪子하야 偏憐客일새니라

嗚呼已矣夫라
衣鉢誰傳가 四顧無人이라
四顧無人이라 衣鉢誰傳가

鏡虛 禪師 悟道歌(한문 원문)

頌曰

忽聞人語無鼻孔하고

頓覺三千是我家라

六月燕巖山下路에

野人無事太平歌로다

鏡虛 禪師 悟道歌(한문 원문)

경허 선사 깨달음의 노래

사방을 둘러봐도 사람이 없으니
가사와 발우를 누가 전하랴.
가사와 발우를 누구에게 전하랴
사방을 둘러봐도 사람이 없구나.

봄 산에 꽃 웃고 새 노래하며
가을밤 달 밝고 바람 맑도다.
바로 이러한 때
깨달음의 한 곡조 노래를
얼마나 불렀던고.
한 곡조의 노래를
아는 사람 없도다.
시대가 그런가
운명이 그런가

경허 선사 깨달음의 노래(한글 번역)

아 어찌하랴.

산 빛은 문수보살의 눈이고
물 소리는 관음보살의 귀이며,
소치는 이와 말 부리는 이가
바로 보현보살이고,
모든 이들이 본래
비로자나불이다.
부처니 조사니 이름하고
선이니 교니 설명하지만
어찌 별스럽게 짐짓
분별을 일으키는가.
돌사람이 피리를 불고
목마가 꾸벅꾸벅 조는구나.

경허 선사 깨달음의 노래(한글 번역)

범부는 자신의 참된 성품을
알지 못하여
이르기를
"성인의 경지는 나의
분수가 아니다"고 말한다.
가련하구나!
이런 사람은
지옥에서도 가장 심한 고통을 받을
사람일 뿐이로다.

나의 전생 일을
돌이켜 생각해보니
네 가지 태생 여섯 세계
모든 험한 길에

오랜 겁을 윤회하며
괴로움과 쓰라림을 받은 것이
지금 눈앞에 대하듯
분명한데
사람들로 하여금
어찌 감당케 하리오.

다행히 숙세의 인연이 있어서
사람이 되고 다시 장부가 되어
출가하여 도를 깨달으니
불교수행의 네 가지 어려움 중에
하나도 빠진 것이 없도다

어떤 사람이 장난스런 말로

경허 선사 깨달음의 노래(한글 번역)

"소가 되어도 콧구멍이 없으면
되지" 하여 그 말을 듣자마자
나의 본래 마음을 깨달으니,
이름 또한 공하고
모양 또한 공해서
공인 비고 고요한 곳에
항상 빛이 가득하도다.
이로부터 한번 들으면
곧 천 가지가 깨쳐지니
눈앞은 홀로 밝은
고요한 빛의 세계요
정신은 지혜의 빛 가득하여
금강의 세계로다.

경허 선사 깨달음의 노래(한글 번역)

네 가지 요소의 몸과
육체와 정신작용의 다섯 구성인
범부의 심신이
여래의 청정한 몸이고,
극락세계라고 하는 것은
가마솥에 죄인을 삶는
확탕지옥과
몸이 얼어 부서지기를 되풀이하는
한빙지옥을 겸한 곳이다.
비로자나의 연화장세계가
나뭇잎이 칼날로 된 검수지옥과
아울러
칼날이 풀처럼 가득한 도산지옥이고,
여래의 진리 몸 머문다는 정토는

경허 선사 깨달음의 노래(한글 번역)

썩은 땅과
똥 무더기이다.
상상불허의 대우주인 삼천대천세계가
개미구멍과 모기 속눈썹이고,
부처님의 세 가지 몸과
부처님의 네 가지 지혜는
빈 하늘과 아울러 온갖 형상이다.
눈에 닿는 것이 본래의
천진불이니,
너무나 기이하고
너무나 기이하다.

솔바람 차가우니
사면이 푸른 산이요,

경허 선사 깨달음의 노래(한글 번역)

가을달이 밝으니
온 하늘이 물빛이어라.
노란 꽃 푸른 대와
꾀꼬리 노래 제비의 지저귐이
언제나 늘 크게 작용해
나타내지 않는 곳 없도다.
세간의 황제자리인들
어찌 취할 리 있으랴.
평지 위의 파도요
하늘의 옥도장이로다.

참으로 괴이하구나
해골 속의 눈동자여!
한량없는 부처와 조사가

경허 선사 깨달음의 노래(한글 번역)

항상 앞에 나타나나니,
풀과 나무, 기왓장과 돌멩이가
곧 화엄이며 법화로다.
내가 늘 말하지만
가고 머물며 앉고 눕는 것이
이것이니라.
부처도 없고 중생도 없나니,
이것은 내가
거짓말을 하는 것이 아니다.
지옥을 바꿔 천당을 만드는 것이
모두 나의 작용에 있으며,
백 천 가지 법문과 무량한 뜻은
마치 꿈에서 깨는 것이
연꽃이 피는 것과 같도다:

양 극단과
과거 · 현재 · 미래를
어느 곳에서 찾으랴.
온 우주가 빠짐없이
크나큰 광명이네.
한 마디로 말하자면
나는 대법왕이로다.
존재에 대해 언제나 자재하니,
옳고 그름과 좋아하고 미워함에
어찌 걸림이 있으랴?
지혜가 없는 사람은
이 말을 듣고는
내가 헛소리를 지어낸다고 하여
믿지 않고 또한 따르지도 않겠지만,

경허 선사 깨달음의 노래(한글 번역)

만약 귀가 뚫린 사람이 있어서
자세히 알고 믿어 곧 의심이 없으면.
문득 깨달음의 경지를 얻을 것이다.

티끌세상 사람들에게
부탁해 말하노니
한 번 사람 몸을 잃으면
만겁에 만나기 어려우니라.
더구나 덧없는 목숨은
아침에 저녁을 도모할 수 없으니,
눈먼 나귀가
다리만 믿고 가지만
안전과 위험을
전혀 알지 못하도다.

경허 선사 깨달음의 노래(한글 번역)

저기도 이러하고
여기도 이러한데
어찌 나에게 와서
나고 죽음 없는 도리를 배워
인간과 하늘의 대장부가
되려 하지 않는가.
내가 이와 같은 까닭으로
입을 수고로이 하여 재삼 당부하노니,
일찍이 방랑자가 되어 보았기에
특별히 나그네를 어여삐 여기느니라.

경허 선사 깨달음의 노래(한글 번역)

오호라 안타깝구나.

가사와 발우를 누가 전하랴.
사방을 둘러봐도 사람이 없구나.
사방을 둘러봐도 사람이 없구나.
가사와 발우를 누구에게 전하랴.

경허 선사 깨달음의 노래(한글 번역)

게송으로 이른다

문득 누군가 콧구멍 없다
말하는 것 듣고는,
몰록 삼천세계가 바로
내 집임을 깨달았네.
유월의 연암산
아랫녘 길에
들사람이 일 없어
태평가를 부르도다.

경허 선사 깨달음의 노래(한글 번역)

경허 선사 깨달음의 노래

鏡虛 禪師 悟道歌

초판 발행   2013년 7월 20일

지은이   시우 송강
발행인   이상미
발행처   도서출판 도반
편집팀   김광호, 고은미
대표전화   02-885-1285
이메일   doban@godstoy.com
주소   서울특별시 관악구 낙성대동 1625-16 2층
ISBN   978-89-97270-06-4

인터넷에서 개화사를 검색하시면 송강 스님을 만나보실 수 있습니다.
http://cafe.daum.net/opentem